AF359328

ÉLÉMENS

DE

CHORÉGRAPHIE

CONTENANT

La Description de plusieurs Pas et les Mouvemens en usage dans l'Art de la Danse Suivant les Principes

DE M. FEUILLET

Rédigés, Augmentés et suivis d'une Nouvelle Contre-Danse

PAR M. MALPIED

Prix 3*tt*

A PARIS

Chez
- L'Éditeur M.tre de Danse, rue de la Boucherie S.t Germ. vis à vis M. Dolibel Apothicaire du Roi.
- M.r Guera, auprès la Coméd. Française

AVEC PRIVILÉGE DU ROI

Malpied   Imprimé par Deublet fils

AVIS

Dans le dernier siècle et au Cõmencemẽ
du notre, on a écrit sur la Danse
avec tant de succès qu'il est étõnant
que L'Art Chorégraphique soit au
jourd'hui tombé dans l'oubli. Cependant
son utilité tant Theâtrale que parti_
culiere ne peut être revoquée en dou
te depuis les Elémens qu'en a don
_né M. FEUILLET le plus célèbre
Auteur en ce genre que la France
ait produit: l'amour que j'ai pour
un Art que je professe m'a engagé
à faire revivre son ouvrage, dans
cet extrait, les démonstrations sont
claires, les explications laconiques,
ce qui facilitera le travail des Maîtres
et les progrès des Eleves qui y au
ront recours. Il suffira même a ceux
qui ne sont point dans l'habitude
de danser, de jetter un coup d'œil

sur les mouvements qui y sont tracés pour figurer dans une Contredanse.

Les Personnes qui desireront avoir par Chorégraphie, ou être instruites, par ce moyen, des Danses de Ville côme le Menuet de la Reine ce lui du Dauphin, la Mariée &c et autres danses modernes, sont avertis que j'enseigne les premieres à la maniere de feu M. Marcel et que je me propose de publier les unes et les autres successivement, et ce dans le même format, a peu près, de cet Ouvrage, pour la plus grande commodité des Amateurs en ce genre).

S'il y a quelqu'un qui trouve quelque petite difficulté dans les principes ou a la Contredance que je donne icy quoyque j'en donne toute l'intelligence.

possible. Et que ces principes
sont principalement pour ceux
qui n'ont point de connoissance
dans la Choregraphie parce
qu'ils s'imaginent la chose
bien plus difficile qu'elle n'est
il suffira de prendre deux
ou trois Leçons tout au plus
pour parvenir a danser toutes
les Contredances qui surviendront
par la suite ce qui donnera
Beaucoup de facilité pour bien
apprendre la Chorégraphie dans
toute son Etendue.

APPROBATION.

J'ay lû par ordre de Monseigneur le
Chancelier un Ouvrage qui a pour
titre Élémens de Chorégraphie je n'y
ai rien trouvé qui doive en empêcher l'im
pression fait a Paris le 5 juillet 1762.

BRET

ÉLÉMENS
De
Chorégraphie

Chaque feuillet du livre represente la Salle ou l'on Danse, sçavoir
le haut du feuillet ou est la musique
represente le haut de la Salle, le bas
du feuillet represente le bas de la
Salle, et les deux côtés du feuillet
represente les deux côtés de la Salle.

La Salle étant ainsi connue il
faudra dans la pratique avoir soin
de tenir toujours exactement le haut
du livre droit vis a vis le haut
de la salle ensorte que quelque
mouvement que l'on fasse le livre
ne sorte point de sa situation
naturelle.

De la présence du Corps

Le Corps de l'hõme est representé
par la figure A.B.C.D. dont
A. marque le devant. B. marque
le derriere. et C.D. marque
Les deux côtés..............

Le Corps de la fẽme est representé
de même que celui de l'hõme
a cette diference, qu'il a un petit
croissant de plus comme
marque la figure E.F.G.H.

Comme le Corps est representé vis-
a vis les quatre côtés de la Salle.
La figure I. represente le Corps vis a-
vis le haut de la Salle.
La fig. K. represente le corps
vis a vis le bas de la salle.
la fig. M. represente
le corps vis a vis le
côté droit de la salle.
et la fig. L. represente le corps
vis a vis le côté gauche de la salle

Des Figures des Danses

Les Figures des Danses sont representées par des lignes qui partent de la présense du corps, et qui vont tantôt en avant, tantôt en arriere, tantôt de côté a droit, et tantôt de côté a gauche, soit droit ou en rond. mais, il faut exatement remarquer d'où partent ces lignes, car les unes partent du devant de la présence du corps, les autres du deriere, et les autres des côtés.

Celles qui partent du devant de la présence du corps, sont pour aller en avant, comme marque la ligne. A.

Celles qui partent du derriére sont pour aller en arriére. comme marque la ligne B.

Celles qui partent du côté droit sont pour aller de côté a droit comme marque la ligne. C.

Et celles qui partent du côté gauche sont pour aller de côté à gauche comme marque la ligne D.

Exemples de toutes les differentes lignes dont il vient d'être parlé

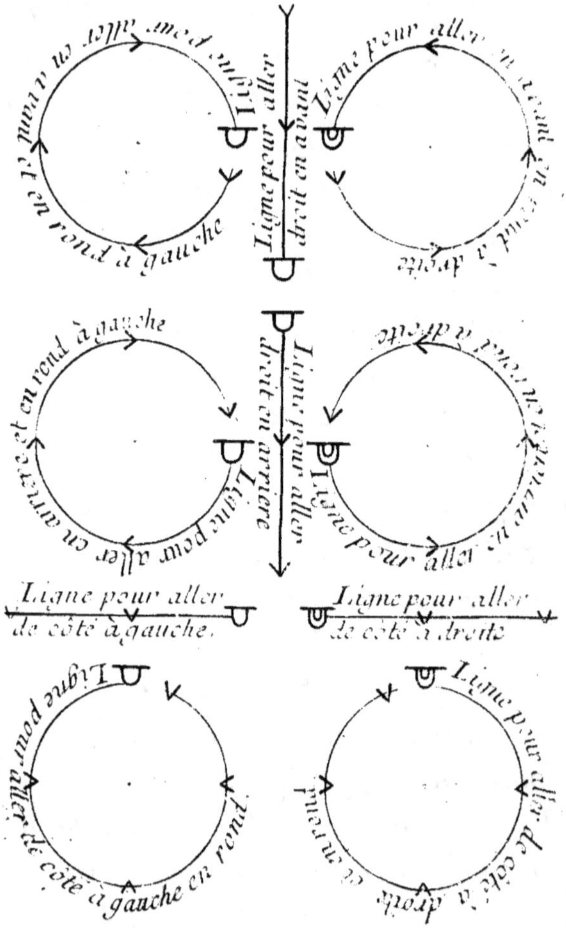

Comme Avec les signes

on peut former telle figure de danse
que l'on voudra ainsi que marque
la figure. A. B. C. D. que je donne icy
pour exemple.

La ligne A. comme on a déja vû cide-
vant est pour aller droit en avant. la
ligne B. est pour aller de côté a droite.
La ligne C. est pour aller
droit en arriere,
et la lig D. est pour aller
en rond devant soy.
Remarqués pour
plus de facilité.
que les petits carac=
teres que l'on voit de
distance en distance, et qui sont fait comme des petits v. marque la situation du
corps lors qu'il est en marche, aussi bien
que la présence du corps qui est toujours
au comencem.t de chaque figure de danse
et il faut remarquer que c'est le haut de
l'v. qui marque le devant du corps.
Ces petits v. serviront aussi pour marquer les mesures des danses comme on
verra par la suite.

De la ligne ponctuée.

Ligne ponctuée est sur la quelle on ne marche point et qui ne represente aucune figure de danse: sont principal usage est de conduire la vue d'une ligne à un'autre comme lors que l'on veut revenir sur un chemin sur lequel on aura dèja marché.

Exemple

Marcher droit en avant et revenir sur le même chemin.

Marcher de côté et revenir sur le même chemin.

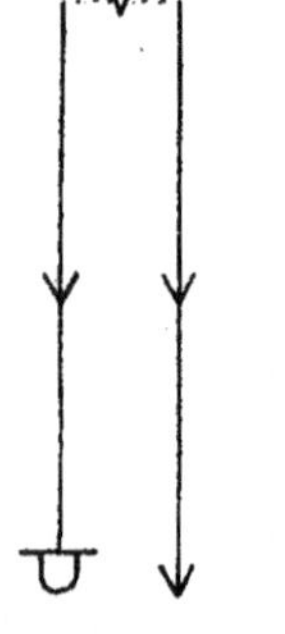

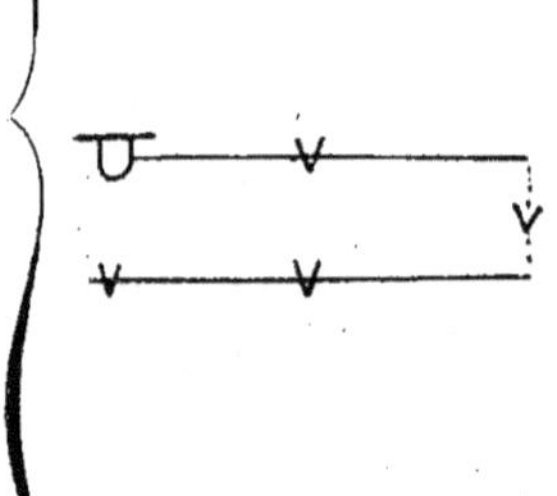

Ligne ponctuée sera aussi celle sur la quelle seront placés tous les battemens de pieds et de mains et autres signes qui se font en même place, comme on verra par la suite.

Des Pieds, Pas, Mains et Bras

Quoi que mon dessein soit de ne point
marquer de Pas dans les Contredanses
voulant laisser la liberté aux personnes
qui les dansent d'en composer comme
ils voudront il y a cependant certaines
actions des pieds, des mains et des bras
dont je n'ai pu me dispenser de parler.

Le Pied est representé par la
figure A. B. dont A. marque le
talon et B. marque la pointe.

Le Pas est representé
par les figures C. D.
dont C. marque le
commencement et D.
marque la fin.

Pas en avant

Pas en arrière

Pas de côté

La Main est representée par
la figure E. F. dont E.
marque le pouce et
F. marque le premier doigt.

Le Bras est representé par
la fig. G. H. dont G. marque
l'épaule et H. marque le poignet.

Des Battemens de Pieds, Mains, et autres signes.

Il faut observer que non seulement les lignes servent pour démontrer les figures des danses, mais qu'elles servent encore de fondement pour décrire toutes les actions des pieds, des mains et autres signes; en observant que tout ce qui ce trouve marqué du côté droit de la ligne est toujours pied ou main droite, de même que de tout ce qui est marqué du côté gauche est toujours pied ou main gauche.

Exemples

Frapper une fois la pointe du pied à terre. . . . .

Frapper une fois le talon à terre.

Frapper une fois le plat du pied à terre. . . . .

Frapper trois fois la pointe du pied à terre. . . . .

Frapper trois fois le talon à terre. . . . .

Frapper trois fois le plat du pied à terre. . . . .

Marcher un pas en avant et
frapper le plat du pied à terre en
le posant comme si on poussoit
un cotocade...............................

Donner la main à la personne
avec qui l'on danse.....................

Quitter la main........................

Donner les deux mains..

Quitter les deux mains...

Frapper une fois de la main
ce qui vous est presenté...........

Se frapper une fois les deux
mains l'une contre l'autre.......

Se frapper trois fois les deux
mains l'une contre l'autre.......

Faire signe du doigt une fois
en menaçant..............................

Faire signe du doigt trois fois
en menaçant..............................

Faire signe du doigt une fois
comme pour faire venir a
soy..

Faire signe du doigt trois
fois comme pour faire venir
a soy..

Rond de poignet une fois............

Rond de poignet trois fois........

Rond des deux poignets
une fois................

Rond des deux poignets trois
fois en forme de dévidoir..

Plier sur les deux pieds..........

S'élever sur les deux pointes
des pieds....................

Sauter sur les deux pieds......

Tourner à droite sur les deux
pieds, un quart de tour........

Tourner à gauche sur les deux
pieds un quart de tour........

Tourner à droite sur les deux
pieds un demi tour........

Tourner à gauche sur les
deux pieds un demi tour....

Saut sur les deux pieds en
tournant un quart de....
tour à droite................

Saut sur les deux pieds, en tournant un quart de tour à gauche		
Saut sur les deux pieds, en tournant un demi-tour à droite		
Saut sur les deux pieds en tournant un demi-tour à gauche		
Pas plié		
Pas élevé		
Pas plié et élevé		
Pas sauté sur la jambe qui marche, ce qu'on appelle jetté		

Pas qui saute avant de
poser le pied à terre, ce qu'on
appelle Saut contretemps.

Balancé du pied droit........

Balancé du pied
gauche ....

Pas de Rigaudon sur
une ligne en avant

Pas de Rigaudon sur
une ligne en arrière

La Reverence à gauche, à
sçavoir, dégager le pied
gauche et glisser le droit
en arrière

La Reverence à droite, à sçavoir,
dégager le pied droit et glisser
le gauche en arrière

Comme les Mesures des Danses se raportent aux mesures des Aires.

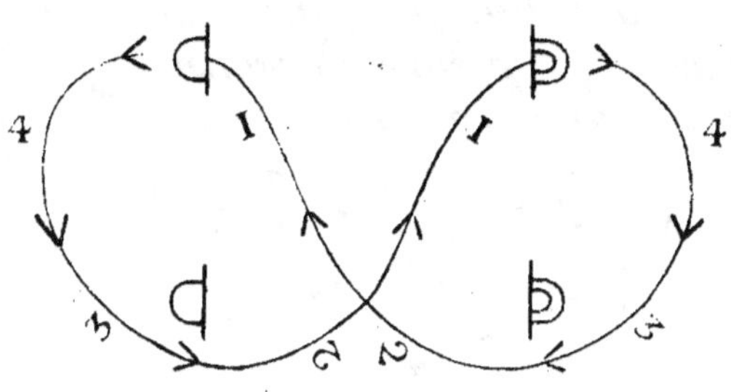

On se resouviendra qu'il à été dit ci-devant que les petits v, qui sont marqués sur les figures des danses, représentent non seulement la présence du corps lors qu'il est en marche, mais encore qu'ils servent pour marquer les mesures, et font le même effet dans les danses, que les barres dans la musique, comme on voit par la figure cy dessus, que je donne pour exemple, qui est de quatre mesures conformément à l'air qui est noté au haut du feüillet, qui est aussy de quatre mesures, dont la premiere se rapporte à la premiere mesure de la danse, la deuxiéme a la 2de de la danse et ainsi du reste.

Pour connoître quand il faut laisser passer quelque mesures de l'Air sans danser. Comme lorsque deux ou plusieurs Personnes partent les unes après les autres.

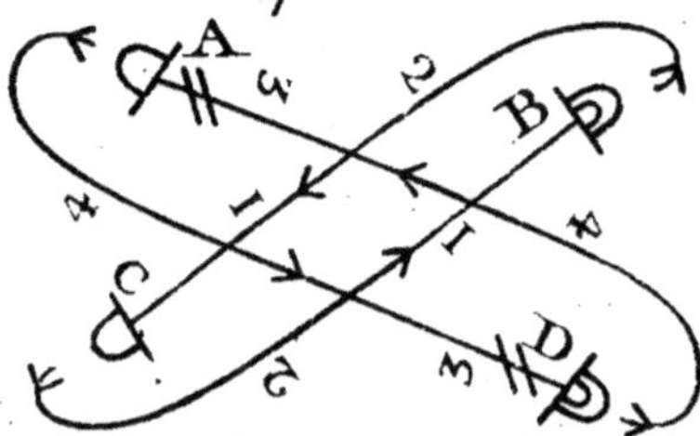

Dans cette Figure représentée par quatre personnes, marquées par A.B.C.D. vous observerés que les 2 lignes A. et D. dans leurs cōmencem.t sont coupées obliquement chacune par 2 petites bāres qui signifient que ces deux personnes là ne doivent partir qu'après avoir laissé passer deux mesures de l'Air, et s'il y en avoit un plus petit ou un plus grand nombre on les observeroit à proportion.

Les choses étant ainsi connues je dis donc que les deux personnes B. et C. qui n'ont point de mesures à compter partent d'abord, tandis que les 2 autres personnes A. et D. comptent 2 mesures après quoi ils partent aussi à leur tour.

Avis sur les pas qui Conviennent le mieux aux Contredanses.

Les pas les plus ordinaires aux Contredanses, excepté celles qui sont sur des
Airs de Menuets. sont, Pas de Gavote,
Chassés de côté, Pas de Bourée, et de
certains petits sauts en avant tant
d'un pied que de l'autre, en forme de
cloche-pied, semblables à ceux que
l'on fait au Cotillon, aux endroits ou
l'on y donne la main, que j'appellerai
ici des demy – Contretemps.
A toutes les figures ronds comme
sont les précédentes et suivantes, on
pourra faire des demi-contretemps,
ou des pas de bourée, mais les demi
contretemps sont plus en usage.

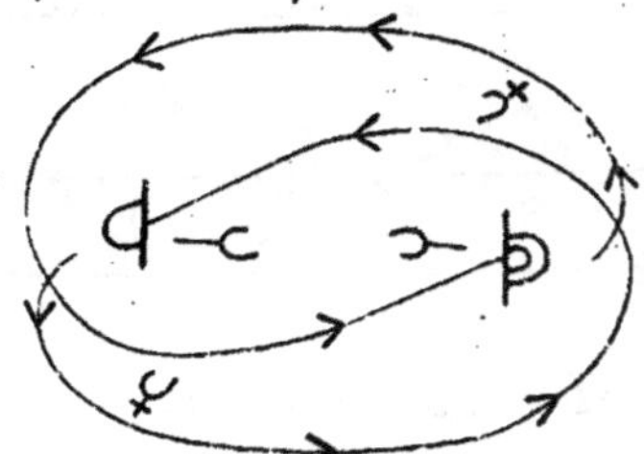

Comme il arrive ordinairem.t que chaque figure de danse finit à chaque cadan-
ce ou phrase de l'Air, il sera bon d'y faire un petit saut sur les deux pieds.

A toutes les Figures qui vont en avant
et en arriére ou en arriere et en avant
on fera toujours des pas de Gavotte.

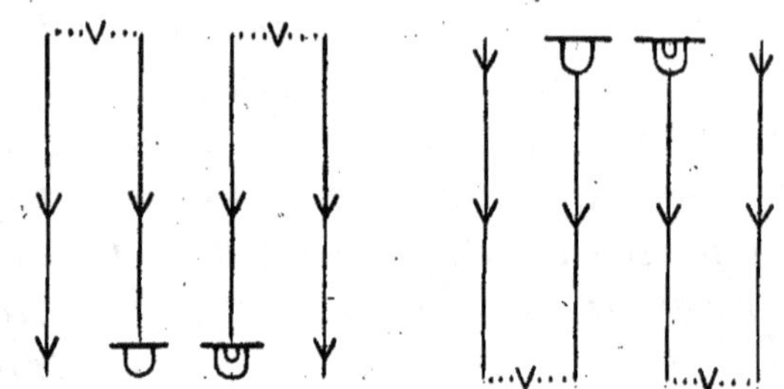

A toutes les Figures qui vont de
côté, on fera toujours des chasses de côté.

Exemple

Quand il sera nécessaire de faire
quelqu'autres Pas, que ceux dont
il vient d'être parlé; comme Pas de
Rigaudon, Balancements &c. on les
trouveras marqués sur les figures.

Ce que c'est que de faire passer sous
les bras les Personnes qui Dansent, qu'on
appelle ordinairement Pirouetter, ou faire la Pirouette.

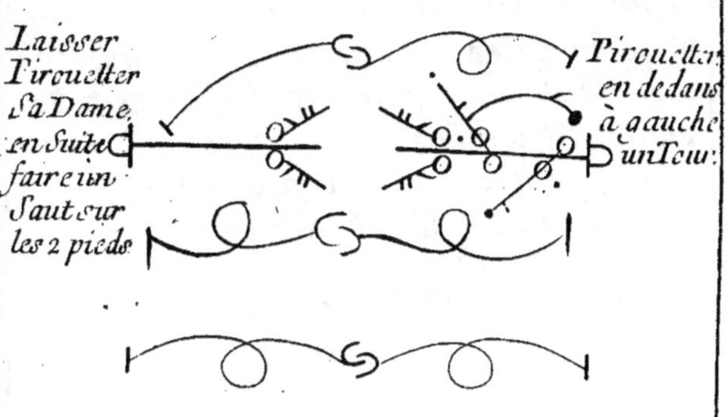

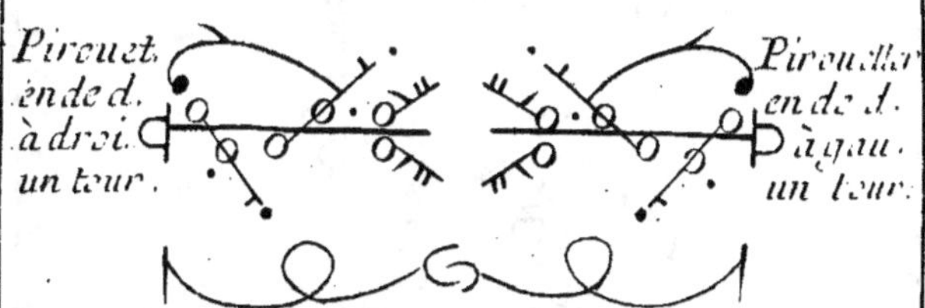

Pour rendre l'exécution d'une Contre
danse plus facile, d'une démonstration
claire et bien plus sensible, sur tout l'ors
qu'elle est compliquée, Je me sers de quatre lettres doubles, que je place devant
ou derrière la présence du Corps de chaque Danseurs et Danseuses; Ces lettres
sont AA, BB, CC, DD. les 2 a tiennent

la place du bas de la Salle les 2 b, tiennent celle du côté droit de la Salle; les
2 c, celle du haut de la Salle, et les 2 d
enfin celle du côté gauche de la Salle. Ainsi en observant les routes tracées dans
les Exemples suivantes, on reconoîtra
aisément que les mêmes lettres se retrou-
vent exactem.t après le trajet fait, dans
leur premiere position, devant ou derriere la présence du Corps.

Exemple

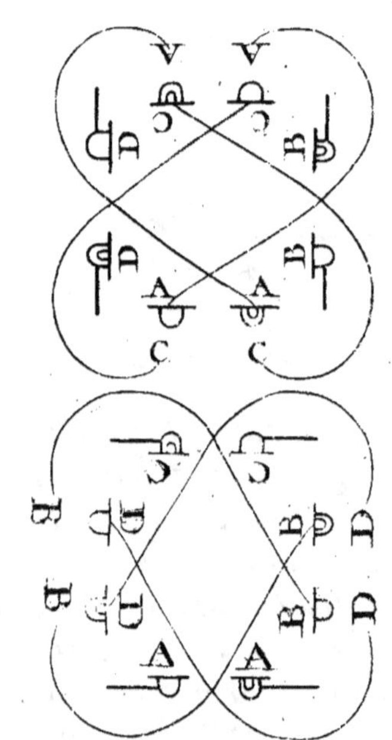

Ce que c'est que Contredanse Et cõment il faut s'y prendre pour l'éxecuter.

La Contredanse n'est autre chose qu'un Couplet de Danse toujours repété, d'abord par 2 ou par 4, par 6, par 8, par 10, et enfin par autant de Couples de personnes qu'ils s'en trouve.

On entend par Couple, l'Hõme et la Femme qui figurent ensemble.

Couplet en terme de l'Art est une certaine quantité de figures capable de remplir un Air.

Une Contredanse peut avoir plusieurs Couplets, les quels peuvent être considerés ici. comme le sont les divers couplets d'une Chanson sur un meme Air.

Chaque Couplet de Contredanse est divisé par figure sçavoir, 1ere 2de, 3e, 4e, 5e figure, &c.

La premiere figure est toujours celle par où l'on commence, et successivement des autres jusqu'à ce qu'on soit arrivé à la dernière qui doit terminer le Couplet, le quel sera répété non seu

lement par ceux qui auront commencé.
mais encore par les autres qui suivront
la même route des premiers, soit dans
le même sens ou dans un sens contraire, et continuront ainsi dans le même
ordre jusqu'à ce que chacun soit arrivé à la même place d'où il à parti en
commençant; S'il arrive, comme c'est
d'usage quelquefois, d'augmenter la Contredanse d'un plus grand nombre de
Couplets, soit en y ajoutant les Grands
Ronds, les petits Ronds, les mains de
deux en deux, les Moulinets l'Alleman-
de &c (ce qui forment autant de Couplets particuliers) où soit qu'on subsi-
tue les uns aux autres, ce qu'on appelle Pot-pourri, à lors la Contredanse
n'a plus qu'une terminaison Conven-
tionelle. Or comme je me suis prescrit
des bornes dans cet Ouvrage, Je n'en-
trerai pas dans le détail de ces différen-
tes sortes de Contredanse et d'Innova-
tions; Je me Contenterai simplement
d'en mettre ici une seule pour servir
d'Exemple et d'introduction générale à
toutes celles que je me propose de publier dans la suite, à part.

 Pour rendre donc l'intelligence des
Demonstrations Chorégraphiques claires dans les Contredanses, et leur éxécu-

tion plus facile. Voici un moyen
du quel il est très à propos de fai
re usage.

L'Air de la Contredanse qui suit,
étant divisé en autant de parties
qu'il y a de figure dans la Contre
danse (ainsi que le sont tout ceux
destinés à pareil emploi) et
ces parties étant numérotées ain
si que les figures de la Contredan
se qui y ont rapport, ce qu'il faut
commencer par observer, On deman
de à celui qui est proposé pour
l'exécution de l'Air, sur un Violon,
d'en jouer la partie de la Premiè
re figure numérotée d'un 1, qu'il répé
tera même autant de fois qu'il se
ra à propos, en suite on lui de
mandera celle de la Seconde figu
re numérotée d'un 2, qui peut être,
ainsi que la première susceptible
de répétition; à près quoi, celle
de la Troisième figure numérotée

d'un 3, et ainsi de suite de figure
en figure jusquà la derniere, et Cela
répété autant de fois qu'il est nécés_
saire à fin que chacun s'inculque dans
la memoire toutes les figures qui com
posent la Contredanse, et s'il est encore
à propos ensuite, on fera jouer l'Air
tout de suite sans avoir égard au di_
vers chiffres qui subdivisent l'Air
relativement aux differentes figures
de la Contredanse.

Cette voie est celle que je pense être la
plus favorable pour l'intelligence tant
des Danseurs que des Joueurs d'Ins_
trumens; Et pour la plus grande com_
modité des derniers, j'ai ajouté à la
fin de ce livre l'Air tel qu'il doit être,
avec tous les chiffres qui en indiquent
les differentes parties, et qu'on doit con
siderer comme autant de Renvois, vû
que partant d'1, on retourne à 2, et de
celui ci à 3, de ce dernier à 4, ainsi du
reste. (Voy. l'Air, pl. 36.)

LA FRANÇAISE

Air Du Grand Rond.

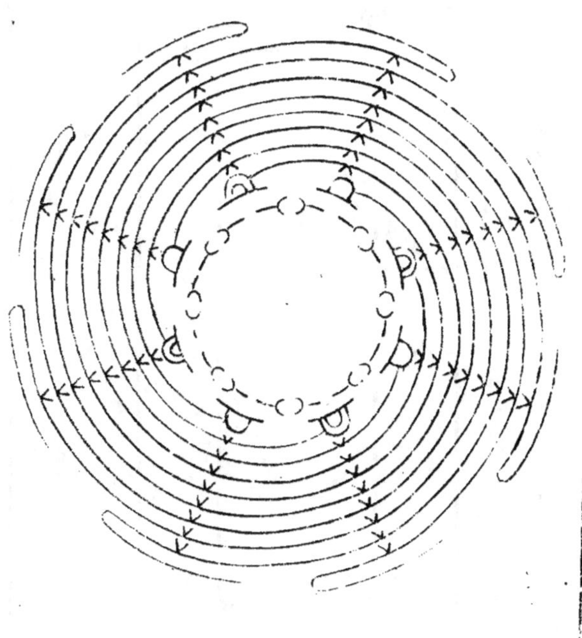

Malpied

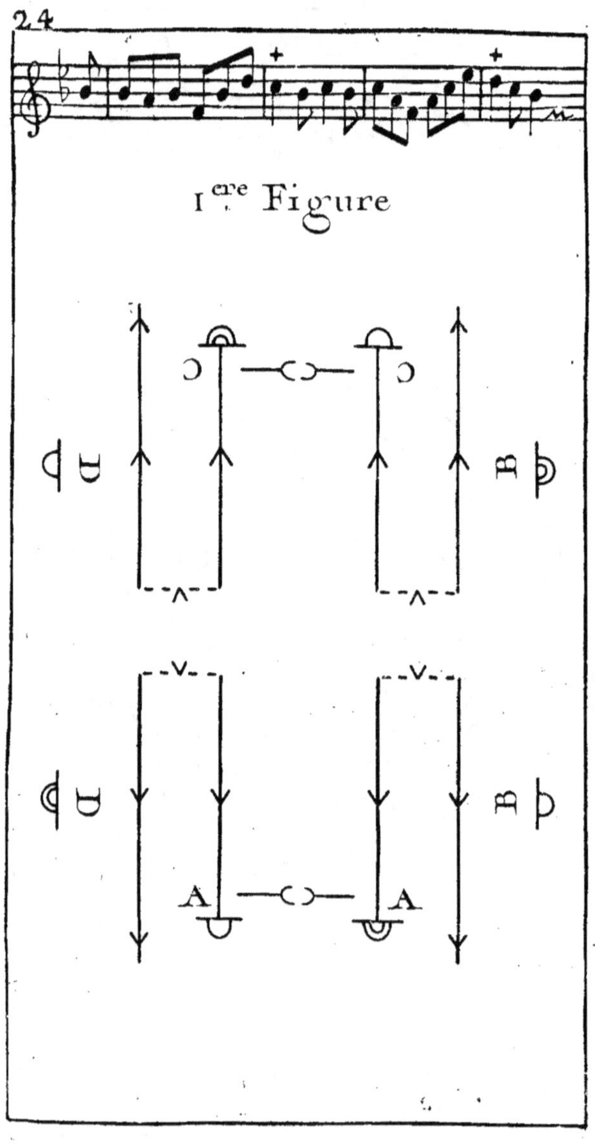
1ere Figure
C
C
C
C
D
B
A
A
D
B

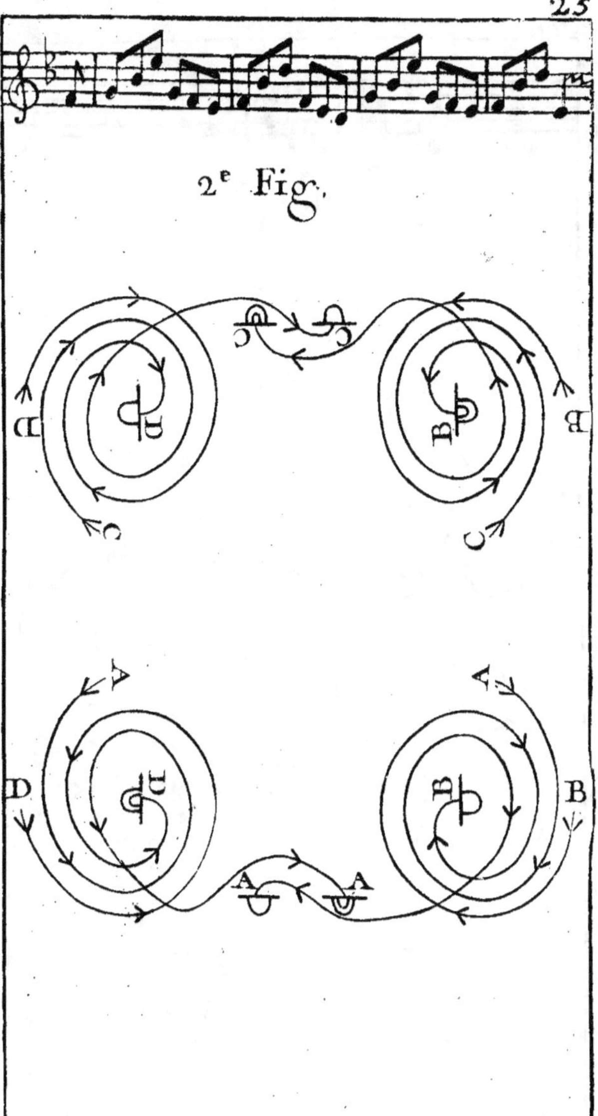
2e Fig.
D
B
A
B
C
C
D
B
A
A
B

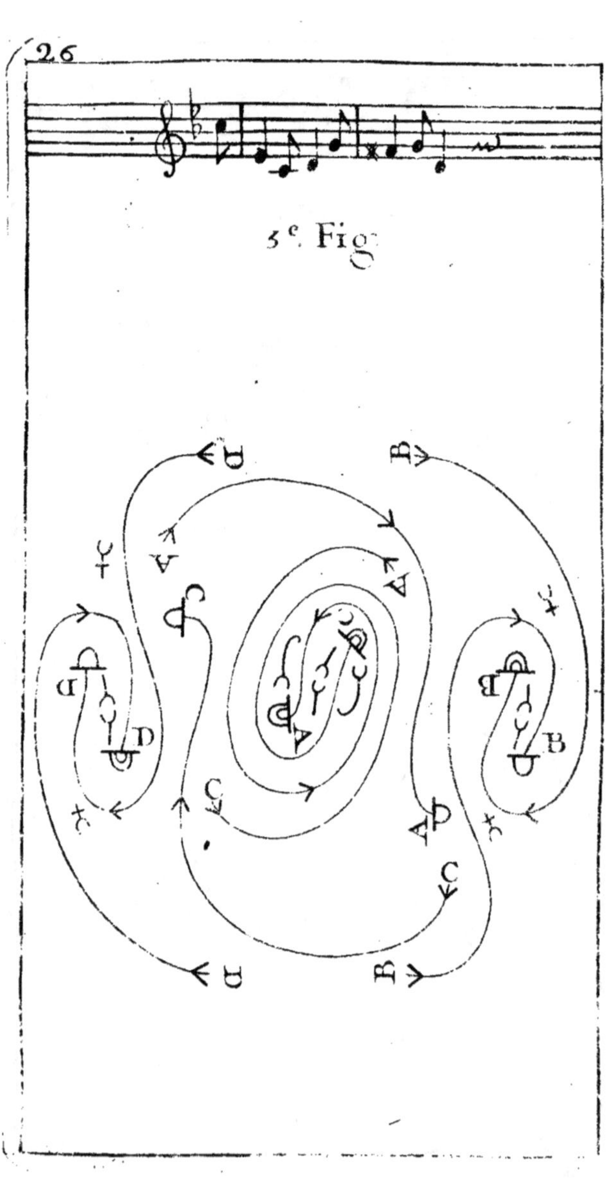

5ᵉ Fig.

4e. Fig.

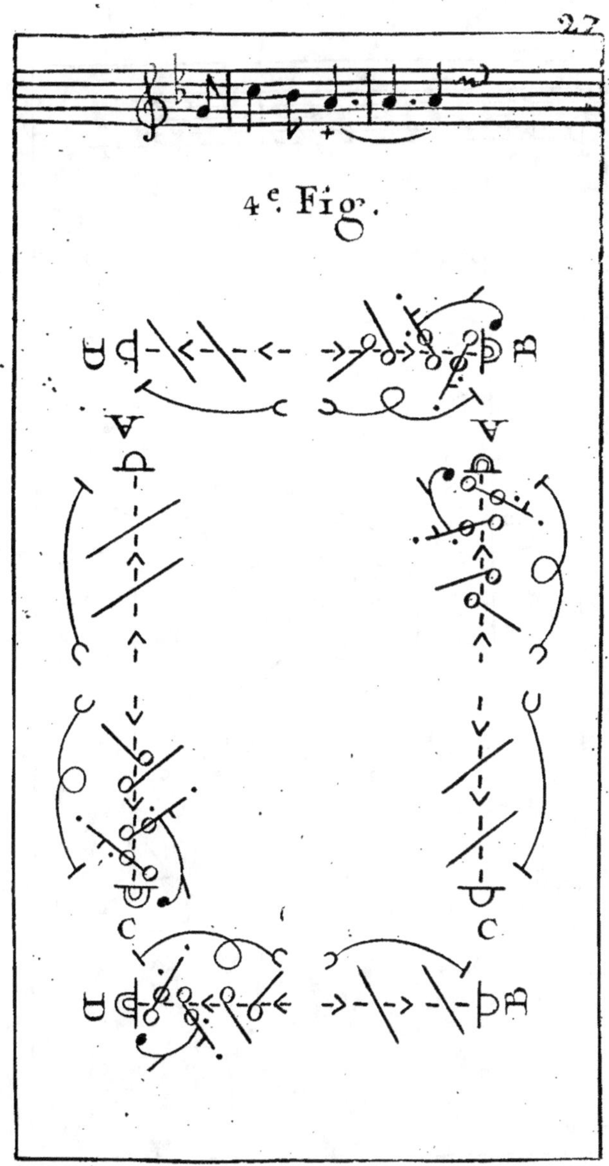

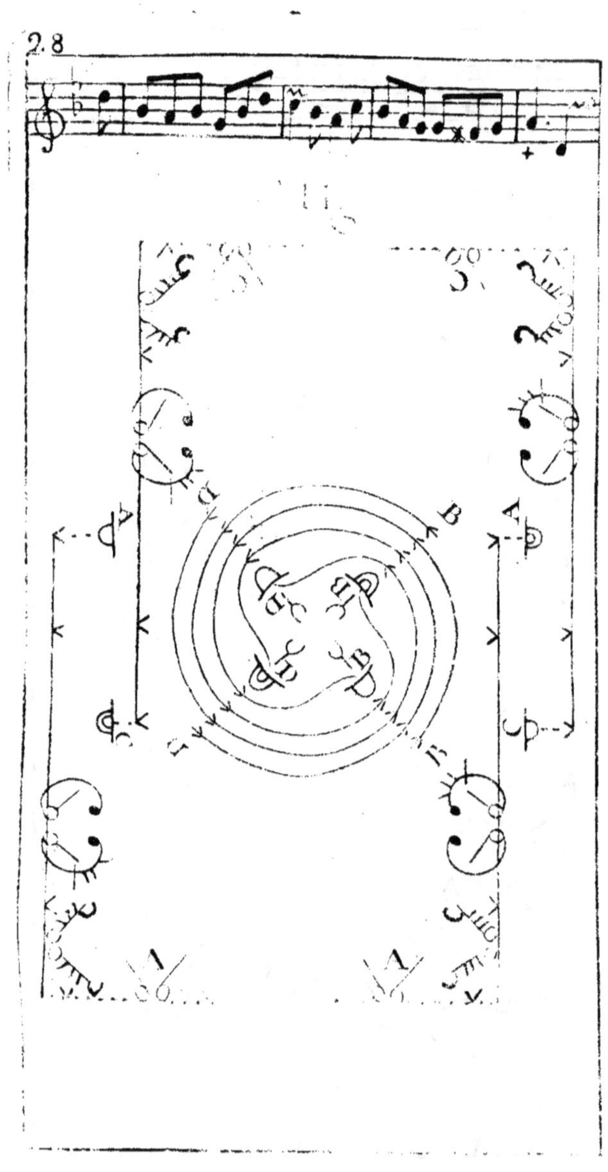
A
B
B

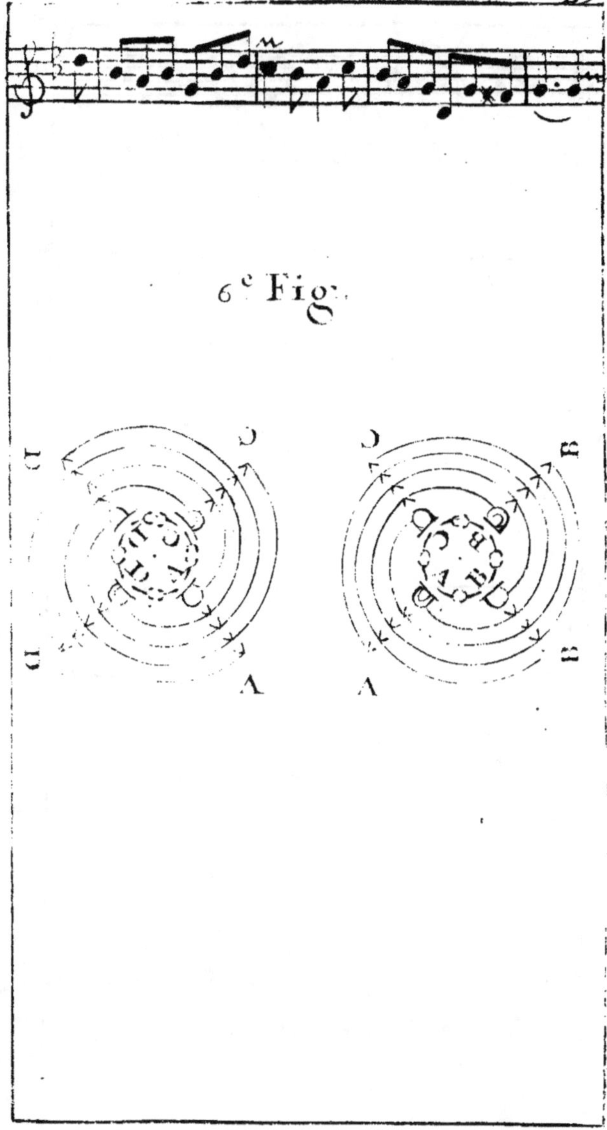
6e Fig.
A B C D

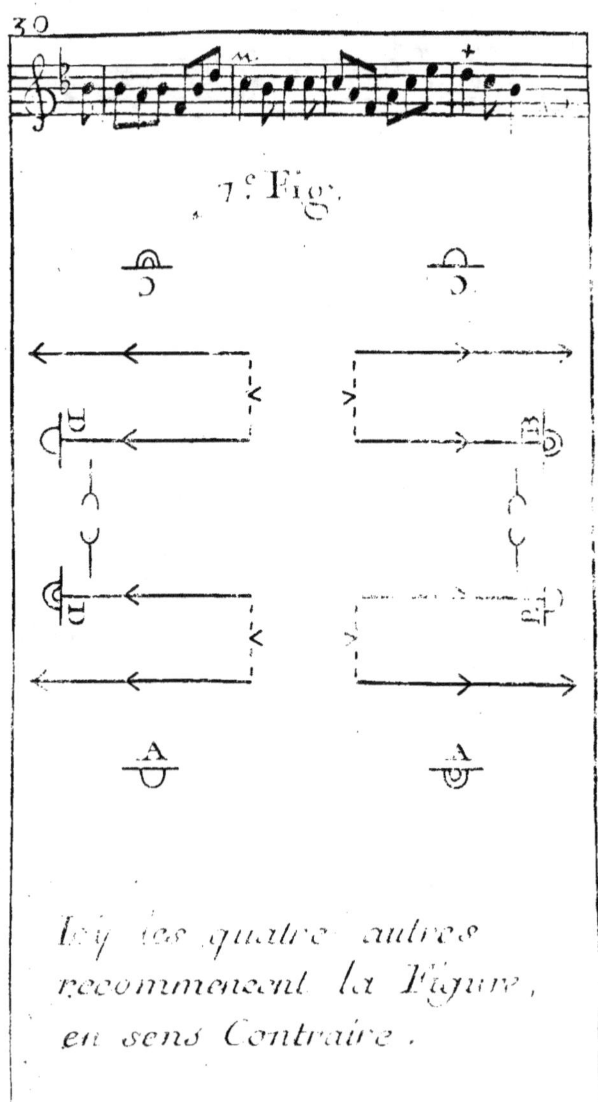

7.e Fig.
C
C
B
B
D
D
A
A
Icy les quatre autres
recommencent la Figure,
en sens Contraire.

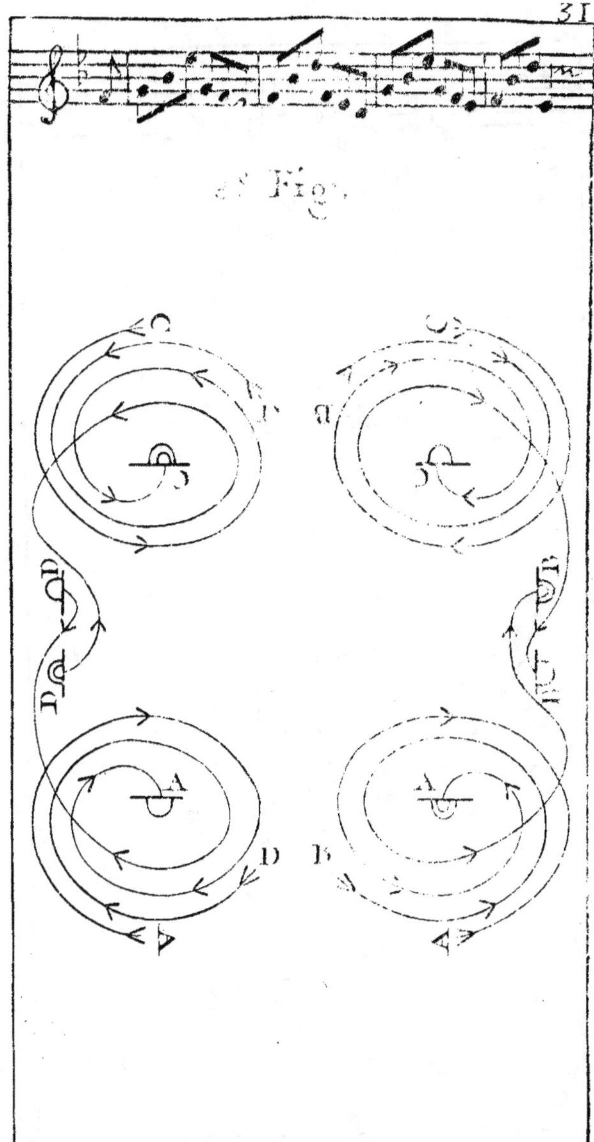

Fig.
C
C
a
D
A
A
B
D
B

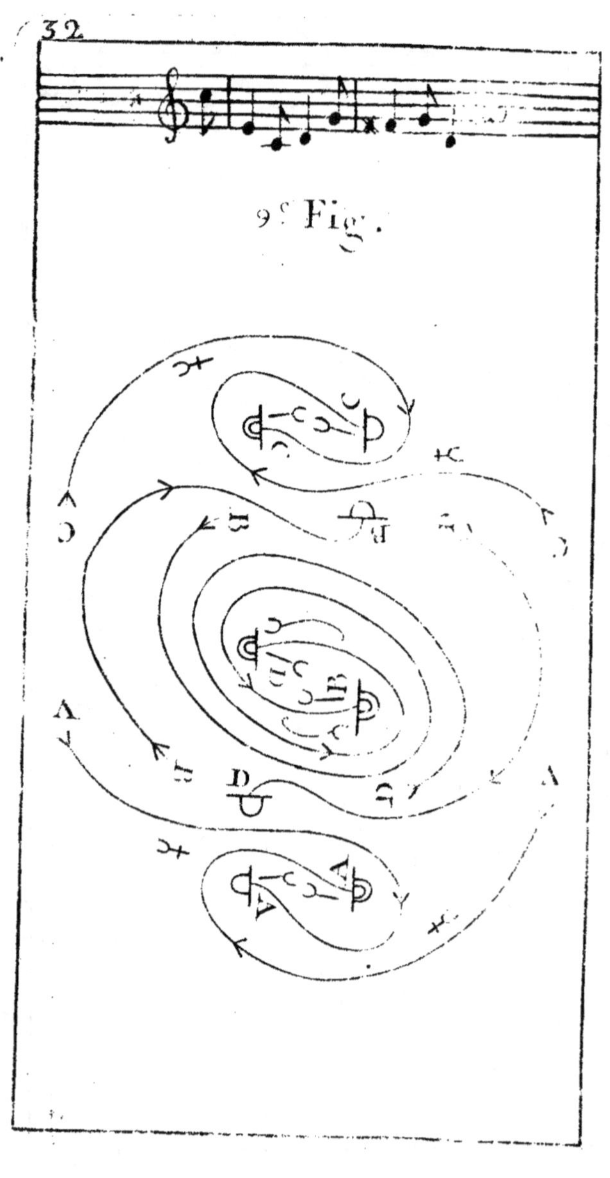

9.^e Fig.

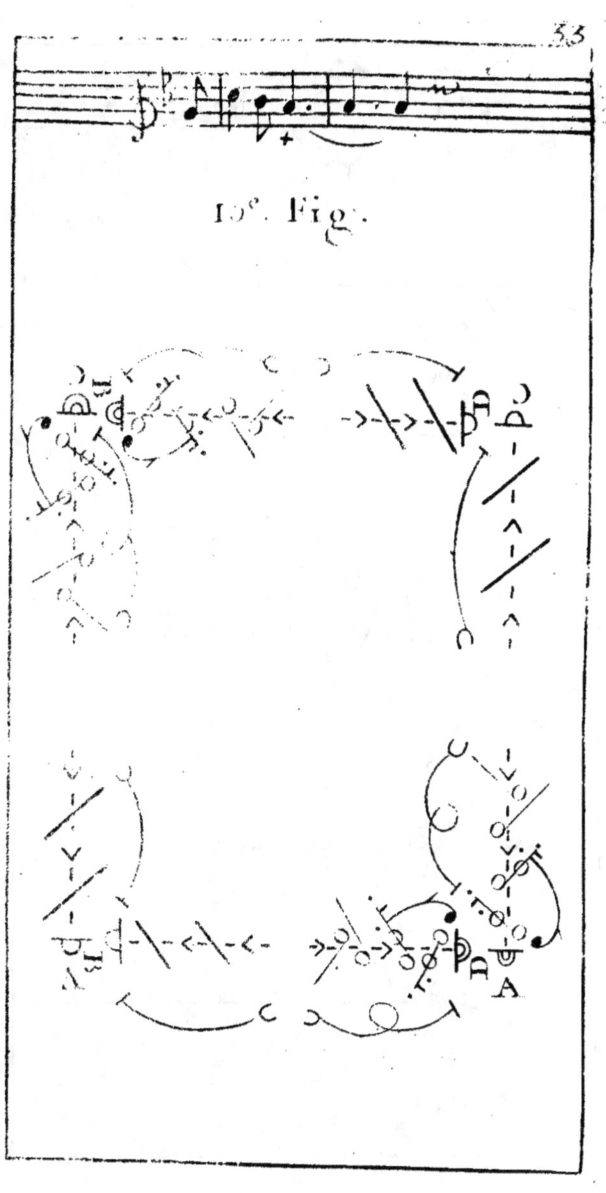
15e. Fig.
D
B
D
D
C
C
C
D
B
D
A
C

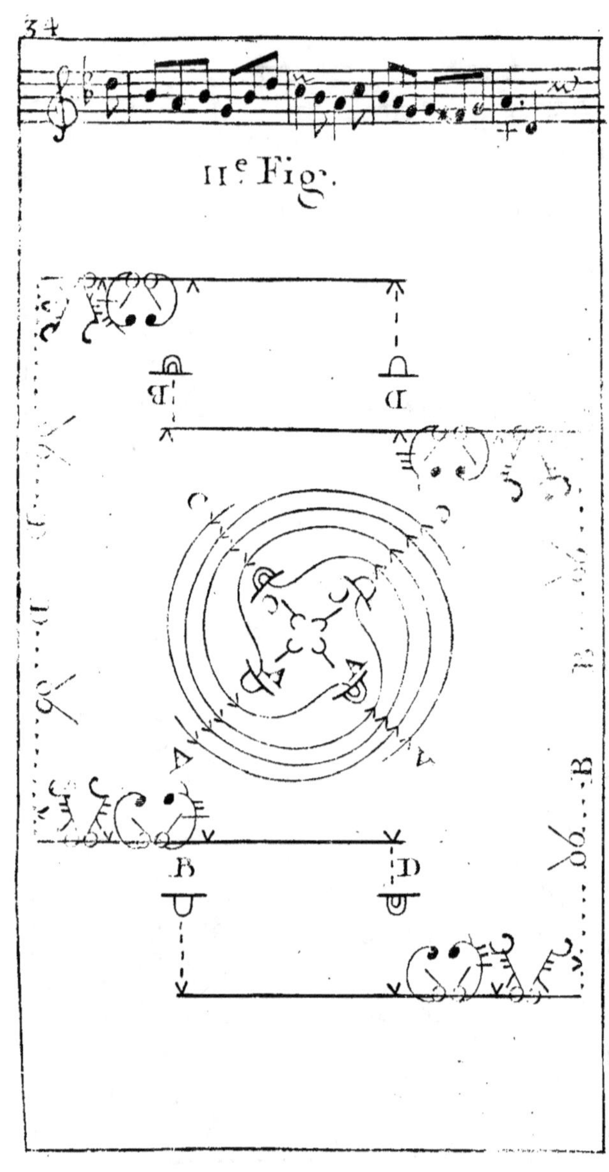

11e Fig.
A
B
C
D
B....96
96....B

12.^e et derniere Figure.

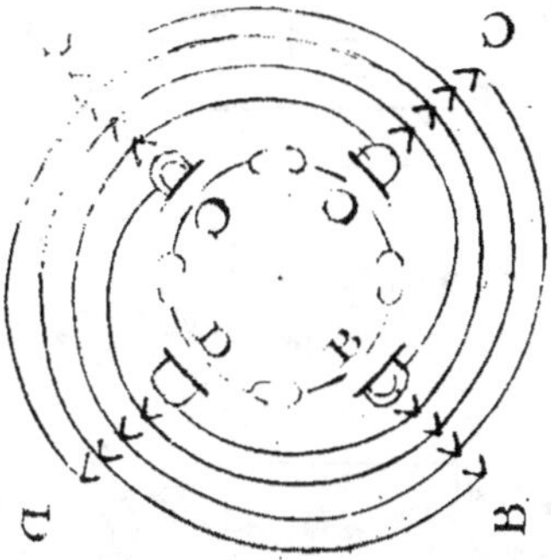

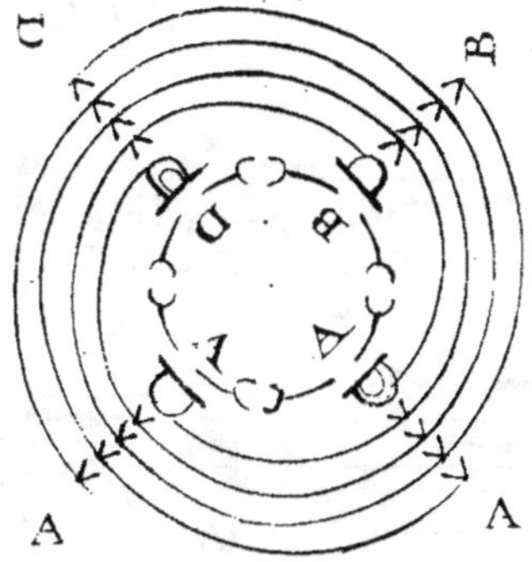

La Main.

La Françoise
Contre-Dance
Air du Grand Rond
1ᵉ Fois
2ᵉ fois
Air de La main &c.
J'ay donné cette feuille double pour
donner a la Simphonie afin quelle
la joüé telle quelle est

Jay donné cette feuille doublé pour
donner a la Simphonie afin quelle
la jouë telle quélle est

www.ingramcontent.com/pod-product-compliance
Lightning Source LLC
LaVergne TN
LVHW020001180726
843503LV00008B/3773